LE SECRÉTAIRE

ET

LE CUISINIER,

COMÉDIE VAUDEVILLE EN UN ACTE;

Par MM. Eugène SCRIBE et MÉLESVILLE.

Représentée pour la première fois à Paris, sur le Théâtre du Gymnase, le 10 Janvier 1821.

Prix : 1 fr. 50 cent.

A PARIS,

Chez HUBERT, libraire, Palais-Royal, galerie de bois, côté du jardin, n°. 222;
AU THÉATRE DU GYMNASE et chez FAGES, au magasin de pièces de théâtre, boulevard Saint-Martin, n°. 29, vis-a-vis la rue de Lancry.

De l'imprimerie d'Anth°. Boucher, successeur de L. G. Michaud, Rue des Bons-Enfants, N°. 34.

M. DCCC. XXI.

PERSONNAGES.	*ACTEURS.*
M. DE SAINT-PHAR.	M. DORMEUIL.
ÉLISE, sa fille.	Mlle. BEAUPRÉ.
Le vicomte DE SAUVECOURT. . .	M. DESESSART.
ALPHONSE, son fils.	M. THÉODORE.
ANTOINE, intendant de M. de Saint-Phar.	M. SARTÉ.
SOUFFLÉ, cuisinier.	M. PERLET.
Marmitons, Aides de cuisine, Valets.	

La scène est à Paris.

Nota. Dans les villes de province où l'acteur chargé du rôle de Soufflé, ne pourrait pas chanter le grand air de *Joconde*, il y substituera les couplets suivants :

AIR : *Bénissons la Vierge et les saints.*

Grand Dieu ! que les cœurs sont ingrats,
Presqu'autant que les estomacs.

Les sots s'engraissent à la ronde,
On laisse le mérite à jeun :
J'ai fait des dîners pour tout l'monde,
Et je n'en puis pas trouver un.
Grand Dieu ! que les cœurs sont ingrats,
Presqu'autant que les estomacs.

Du moins invitez-moi par grâce,
Vous tous qu'aux honneurs j'ai poussés ;
Et vous surtout, vous qu'au Parnasse
Avec la fourchett' j'ai placés :
Mais chez vous les cœurs sont ingrats
Presqu'autant que les estomacs.

LE SECRÉTAIRE

ET

LE CUISINIER.

Le Théâtre représente une salle de l'apparte-ment de M. de Saint-Phar. — Portes de fond et porte de côté à droite, et sur l'a-vant-scène une grande cheminée avec un bon feu. — A gauche, une table avec un carton et tout ce qu'il faut pour écrire.

SCÈNE PREMIÈRE.

ANTOINE, *tenant un paquet de lettres, et à la cantonnade.*

Je vous le répète, dites que je n'y suis pas! Que diable aussi le comte de Saint-Phar mon maître avait bien besoin de se faire donner l'ambassade de Copenhague? Depuis que nous sommes nommés, je crois que la tête tourne à toute la maison... chacun veut monter....

Aɪʀ : *Un homme pour faire un tableau.*

Chacun s'donne un air de grandeur,
Jusqu'à la bonne et la nourrice
Qui veul't être dames d'honneur,
Et nos marmitons, chefs d'office ;
Le jockey veut être courrier ;
Enfin changeant son frontispice,
Sur sa loge, notre portier,
Vient de mettre : *Parlez au Suisse.*

Sans compter les nouvelles places !.. moi, qui en ma qualité de factotum.... qu'est-ce que je dis donc.... d'intendant... suis chargé des nominations.... ai-je reçu des sottises et des lettres de recommandation.... soixante-douze seulement pour la place de valet de chambre... ah! ça n'est pas étonnant.... valet d'un grand seigneur... ce sont de ces places que tant de gens peuvent remplir... enfin, je n'en ai plus que deux.... celle de secrétaire et celle de cuisinier.... ah! par exemple ces deux-là.... prenons garde.

AIR : *Du ménage du garçon.*

Pour ces deux places je me flatte
De bien choisir les postulants ;
C'est, dit-on, pour un diplomate,
Deux hommes vraiment importants !
Plus d'un grand talent qu'on révère
A dû son esprit tout entier,
Le matin à son secrétaire,
Et le soir à son cuisinier.

Qu'est-ce qui vient déjà me déranger ?

SCÈNE II.

Le précédent, LE VICOMTE DE SAUVECOURT.

LE VICOMTE, *entrant et repoussant un valet qui veut l'empêcher d'entrer.*

Ventrebleu!.. je me moque de la consigne... j'en ai forcé bien d'autres... (*A Antoine.*) Monsieur le comte de Saint-Phar.

ANTOINE.

Monsieur... il travaille dans ce moment...

LE VICOMTE.

Ah! il travaille... c'est différent... un grand seigneur qui travaille.... il ne faut pas le déranger.... vous lui direz que c'est le vicomte de Sauvecourt.

ANTOINE.

Comment, celui à qui jadis il dut sa fortune?..

LE VICOMTE.

Oui, son ancien ami qui ne l'a pas vu depuis dix ans, et qui désire lui parler pour une affaire très importante!.. Quand part-il pour son ambassade?

ANTOINE.

Demain matin... ses malles et celles de mademoiselle Elise sont
déjà faites.

LE VICOMTE, *à part.*

Ah ! sa fille l'accompagne... voilà qui me confirme encore...
il n'y a pas de temps à perdre... (*Haut.*) Quel est son homme
d'affaires ou son intendant ?...

ANTOINE.

Vous les voyez tous les deux... je suis l'un et l'autre.

LE VICOMTE.

C'est-à-dire que vous cumulez... c'est bien... ça fait moins de
monde dans une maison... mais si jamais, c'est une supposition
que je fais, l'intendant vient à être pendu... je vous demande ce
que deviendra l'homme d'affaires ?..

ANTOINE.

Monsieur...

LE VICOMTE.

Ce sont les vôtres, j'entends bien ! ça ne me regarde pas... je
voulais seulement vous prévenir qu'il se présentera ici dans la
matinée un jeune homme de bonne tournure, de bonne façon...
qui viendra vous demander une place de secrétaire... afin de partir
demain avec M. l'Ambassadeur.

ANTOINE.

Allons, encore une recommandation...

LE VICOMTE.

Je vous prie de l'arrêter !

ANTOINE.

C'est-à-dire que Monsieur s'intéresse au jeune-homme, et
voudrait qu'il eût la place.

LE VICOMTE, *en colère.*

Qu'est-ce que c'est ? Je voudrais bien voir..... (*A part.*) Par
exemple, mon fils secrétaire et jockey diplomatique ; il ne
manquerait plus que cela. (*Haut.*) Non, Monsieur, non, je ne
veux pas qu'il ait la place...... mais je veux que vous le rete-
niez ici jusqu'à ce que je sois revenu et que j'aie parlé à M. De
Saint-Phar ! Quand croyez vous qu'il soit visible ?.... attendez !...
à quelle heure déjeune-t-il ?

ANTOINE.

A onze heures.

LE VICOMTE, *tirant sa montre.*

Dans une heure, c'est bien !...... Vous ferez mettre mon
couvert.....

AIR : *de Lantara.*

> Pour les affaires c'est à table
> Que je les traite , et je soutien
> Que c'est là l'instant favorable...
> Nos gens d'état le savent bien !...
> Tous ceux , morbleu ! qu'un bon repas rassemble
> Quels qu'ils soient deviennent amis ,
> Et quand on boit le même vin ensemble
> On est bientôt du même avis.

Ah ! çà , vous tâcherez que le déjeuner soit un peu corsé......
ce sont de ces particularités auxquelles ..... je tiens beaucoup.....
A propos.....a-t-il un bon cuisinier ?.....

ANTOINE.

Mais.....

LE VICOMTE.

Diable!......il faut qu'un ambassadeur en ait un......Attendez
donc !..... attendez donc !...... ce coquin que, dans un moment de
dépit, j'ai renvoyé dernièrement..... je m'en charge, j'ai son affaire..... Ainsi, c'est convenu.....serviteur.....

(*Il sort.*)

SCÈNE III.

ANTOINE, *seul.*

Là , je vous le demande.... quelle rage de protection ! moi,
qui voulais choisir moi-même...... c'est égal, je vais me rejeter
sur le secrétaire; pour celui-là, par exemple.....je veux au moins
que ça soit quelqu'un que je connaisse..... Chut !..... c'est Mademoiselle Elise..... notre jeune maîtresse.

SCÈNE IV.

ANTOINE, ÉLISE.

ELISE.

Ah ! vous voilà, Antoine......j'ai quelque chose à vous demander.

ANTOINE.

Comment donc, Mademoiselle..... je suis trop heureux.....

(7)

ELISE.

Ne s'est-il pas présenté ce matin quelqu'un pour la place de secrétaire?

ANTOINE, *à part.*

Nous y voilà.... je ne pourrai pas en donner une.... (*Haut.*) Non , Mademoiselle, personne encore..... quoique j'aie déjà plusieurs demandes.....

ELISE.

C'est qu'on m'a fortement recommandé.... un jeune homme.... qui doit se présenter aujourd'hui...

ANTOINE.

Un jeune homme...... attendez donc?..... n'est-il pas de la connaissance de M. le vicomte de Sauvecourt ?..... .

ELISE.

Grands Dieux !..... Qui a pu vous dire?..... Oui..... oui..... je crois qu'il le connaît..... Est-ce qu'on vous en aurait rendu un compte défavorable?

ANTOINE.

Mais, oui..... on me priait même de le refuser tout net.....

ELISE.

Gardez-vous en bien...... on se sera trompé assurément...... le caractère le plus doux, le plus aimable..... très instruit, quoiqu'il n'ait que vingt-deux ans.

ANTOINE.

Vingt-deux ans !..... c'est bien jeune !.....

ELISE, *vivement.*

Il en a trente..... Monsieur Antoine, il en a trente.....

ANTOINE.

Mademoiselle le connaît ?.....

ELISE, *se reprenant.*

C'est-à-dire..... non..... on m'en a beaucoup parlé.

AIR : *Voulant par ses œuvres complètes.*

Oh ! c'est un très bon secrétaire;
Que d'esprit! .. quel doux entretien ,
A tout le monde il saura plaire;
Il peint , chante l'italien...
Que sa voix est douce et légère;
Surtout, Monsieur, si vous saviez
Comme il danse bien... vous voyez
Qu'il doit convenir à mon père.

Et vous me désobligeriez beaucoup...

ANTOINE.

Du moment que Mademoiselle le recommande. (*A part.*)
Allons, il n'y a pas moyen..... et Monsieur le Vicomte aura
tort..... (*Haut.*) C'est que M. l'Ambassadeur est très pressé,
et s'il ne se présentait pas aujourd'hui.....

ELISE.

Il se présentera, M. Antoine, il se présentera. (*A part.*)
Il devrait être ici.....

ANTOINE.

Et quel est le nom du jeune homme ?

ELISE.

Son nom. (*A part.*) Ah ! mon Dieu ! Alphonse ne m'a pas
dit le nom qu'il prendrait. (*Haut.*) Son nom, je l'ai oublié.....
mais d'après tout ce que je vous ai dit..... vous le reconnaîtrez
aisément..... (*Fausse sortie*) et, en attendant, des égards.....
des ménagements.....

AIR : *De Paris et le village.*

Recevez-le de votre mieux,
Je dois moi-même la première
Lui faire oublier, si je peux,
Qu'il n'est encor que secrétaire ;
Il n'est pas né pour cet emploi...
Aussi dites-lui bien, de grâce,
Qu'il ne dépendra pas de moi
Qu'il n'ait une meilleure place.

Adieu, M. Antoine.....

(*Elle sort.*)

SCÈNE V.

ANTOINE *seul*, puis un **VALET.**

ANTOINE, *s'inclinant.*

Certainement, Mademoiselle..... Allons, puisque notre jeune
maîtresse le veut..... mais quel peut être ce secrétaire...... pour
lequel..... il y a tant de recommandations pour et contre ?....

LE VALET.

M. Antoine, M. Antoine.

ANTOINE.

Un moment, me voilà !

LE VALET.

M. l'ambassadeur vous demande.

ANTOINE.

J'y vais..... Allons, vous autres, rangez un peu cette salle.....
Ah! diable, et notre secrétaire..... (*Au valet.*) S'il vient un
jeune homme me demander..... tu le prieras de m'attendre un moment, et tu viendras m'avertir sur le champ.

DES VOIX, *en dehors.*

M. Antoine ! M. Antoine ! ....

ANTOINE, *sortant.*

On y va..... on y va..... On ne peut pas être partout à-la-
fois.....

(*Il sort par la gauche.*)

SCÈNE VI.

SOUFFLÉ, *d'un autre côté dans la coulisse.*

Je vous dis que c'est pour affaire ! (*Entrant.*) Ah ! bien oui,
parlez au suisse, parlez au suisse..... c'est le moyen de ne parler
à personne. (*Regardant le salon et les valets.*) Oh ! oh ! il paraît que ceci est du grand numéro..... Une livrée magnifique !....
style d'hôtel !..... Heureusement que j'ai endossé le véritable Elbeuf.....

LE VALET.

C'est Monsieur, sans doute, qui veut parler à notre intendant ?.....

SOUFFLÉ, *à part.*

Monsieur..... (*Tâtant son habit.*) Voyez vous déjà l'effet de
l'Elbeuf. (*Haut.*) Oui, je voudrais parler à l'intendant.....

LE VALET.

Il est occupé dans ce moment avec M. l'ambassadeur.....
Donnez-vous la peine d'attendre..... je vais l'avertir.....

(*Les valets sortent.*)

SCÈNE VII.

SOUFFLÉ, *seul.*

Eh bien ! sont-ils honnêtes pour des habits galonnés ?....
Allons, Soufflé, mon ami, te voilà lancé ; le premier pas est fait....

Je sais bien qu'il y a de la hardiesse à venir, sans protection et sans recommandation, enlever d'assaut la place de premier cuisinier d'une excellence..... Mais c'est une espèce d'audace qui ne réussit pas au talent..... et puis, rien ne donne du cœur comme d'être sur le pavé..... et j'y suis..... Certainement, j'avais une bonne place chez le vicomte de Sauvecourt! un homme marié, qui vivait en garçon; car je n'ai jamais vu ni sa femme ni son fils.... C'était un amateur, un connaisseur, et j'avais de l'agrément avec lui..... Mais, l'autre semaine, il se fâche, sous prétexte qu'il avait faim et que je le faisais attendre..... Je l'ai fait attendre, c'est vrai..... que diable, le talent n'est pas à l'heure..... Moi, je raisonne mes plats, et c'est parce que je raisonnais trop qu'il m'a mis à la porte..... O perversité du siècle!

AIR : *J'ai long-temps parcouru le monde* (de Joconde)

Partout on connaît le mérite
De mes soufflés, de mes salmis,
Et cuisinier cosmopolite
Travaillant pour tous les pays,
Léger en cuisine française,
Profond dans la cuisine anglaise,
Partout j'ai changé mes ragoûts
Selon l'appétit et les goûts!

Mais quelle injustice profonde!
Le génie, hélas! reste à jeun:
J'ai, dans mon talent peu commun,
Fait des dîners pour tout le monde,
Et je n'en puis pas trouver un!
Quoi! votre fierté me rejette?...
Quoi! votre mémoire est muette,
Vous, que mon mérite a lancés,
Vous tous qu'aux honneurs j'ai poussés!...
Vous surtout qu'avec la fourchette
Sur le Parnasse j'ai placés!!

C'est une honte pour notre art
De vouloir me mettre à l'écart;

Car

Partout on connaît le mérite
De mes soufflés, de mes salmis,
Et cuisinier cosmopolite, etc., etc.

CANTABILE.

Heureux cent fois le cuisinier vulgaire
Qui, loin des cours que je veux oublier,

Poursuit en paix sa modeste carrière,
Et fait sauter, chez quelque bon rentier,
L'humble omelette et l'anse du panier!

Que dis-je? et quelle erreur nouvelle?
Moi qu'en tous les lieux on appelle
Le César de la béchamelle
Et l'Alexandre du Rosbiff!
Invoquons mon génie actif;
Reprenons ce front insolent,
Noble apanage du talent;

Car

Partout on connaît le mérite
De mes soufflés, de mes salmis, etc., etc.

Tout ce qu'il me faut, c'est que M. l'ambassadeur soit un homme de goût et d'appétit, qui veuille bien m'attacher à l'ambassade..... Et, dans ce cas là, qu'est-ce que je lui demande? huit cents francs par an et de la considération..... et certainement il y gagne plus que moi. Mais on vient..... tenons-nous ferme; il ne s'agit pas ici de s'endormir sur le rôti.....

SCÈNE VIII.

SOUFFLÉ, ANTOINE, LE VALET.

LE VALET, *à Antoine en montrant Soufflé.*

Oui, Monsieur..... le voilà.....

ANTOINE.

C'est bon. (*Le valet sort.*) Oserai-je vous demander, Monsieur, quel est votre nom?....

SOUFFLÉ.

Monsieur, l'on m'appelle Soufflé.....

ANTOINE.

Où étiez-vous avant de venir ici?

SOUFFLÉ.

Je ne sais pas trop si je dois m'en vanter..... Je sors de chez M. le vicomte de Sauvecourt.....

ANTOINE.

C'est cela même.... Je l'ai vu ce matin.... il m'a parlé de vous....

SOUFFLÉ.

Il m'en veut joliment..... n'est-ce pas?....

ANTOINE.

Mais.... il n'est pas de vos amis...

SOUFFLÉ.

Je m'en doutais bien...

ANTOINE.

Il paraît qu'il savait que vous deviez venir , car il m'a défendu de vous placer ; et comme c'est l'intime ami de notre maître....

SOUFFLÉ.

Allons, encore un de ces estomacs ingrats dont je parlais tout-à-l'heure..... Je vois bien qu'il faut...

(*Reprenant son chapeau.*)

ANTOINE.

Heureusement pour vous , Mademoiselle Élise, la fille de Monseigneur, vous porte beaucoup d'intérêt.

SOUFFLÉ.

Mademoiselle Elise !... c'est singulier.... Ah !... j'y suis maintenant ; elle m'aura vu en venant dîner chez M. de Sauvecourt.

ANTOINE.

Apparemment; elle vous a recommandé elle-même , et vous sentez bien que je n'ai pu refuser.... Ainsi , dès ce moment , vous pouvez vous regarder comme attaché à la maison.

SOUFFLÉ , *reposant son chapeau.*

Enfin !...

ANTOINE.

C'est ici que vous travaillerez....

SOUFFLÉ.

Ici... je ne vois pas trop comment. (*A part.*) Il n'y a pas seulement un fourneau !

ANTOINE.

Quant à vos honoraires.....

SOUFFLÉ , *à part.*

Mes honoraires !... style d'hôtel ; moi, j'aurais dit mes gages.... (*Haut.*) Vous dites donc que mes honoraires...

ANTOINE.

Se monteront à cinq mille francs.....

SOUFFLÉ , *stupéfait.*

Cinq mille francs !!! Quelle maison !

ANTOINE.

De plus , vous mangerez à la table de son excellence...

SOUFFLÉ.

Par exemple !... voilà qui est trop fort... ça ne se doit pas....

Passe pour les cinq mille francs.... je les prendrai.... mais dîner avec son excellence !

AIR : *Vaudeville des Landes.*

Il m'louerait toujours à table,
Ça f'rait rougir ma pudeur...

ANTOINE.

Un éloge est agréable
Dans la bouche d'un seigneur.

SOUFFLÉ.

Ça n'est pas ça qui me touche ;
J'suis bien sûr dans mon emploi
De lui fa.re ouvrir la bouche,
Et dans la place où je m'voi
　　Je prévoi (*bis*)
Qu'il n'pourra vivre sans moi.

ANTOINE.

Enfin, vous êtes entretenu, habillé aux frais de son excellence.

SOUFFLÉ.

Ça, ce n'est pas le plus cher... car, dans notre état, on n'use pas... et si ce n'était les taches....

ANTOINE.

Oui..... quand on écrit sous la dictée..... Ah ! çà, vous trouverez là ce qu'il vous faut, des plumes, de l'encre, du papier.....

SOUFFLÉ, *à part.*

Eh bien ! par exemple..... voilà une batterie de cuisine d'une nouvelle espèce. (*Haut.*) Dites-moi un peu.... quelle est au juste la place que Mademoiselle Elise a demandée pour moi ?

ANTOINE.

Eh bien ! celle de secrétaire.

SOUFFLÉ.

De secrétaire !... Comment, je suis secrétaire !...

ANTOINE.

Est-ce que vous n'êtes pas content ?

SOUFFLÉ.

Si fait.... si fait.... J'avais bien autre chose en vue... mais dès que Mademoiselle Elise a demandé pour moi la place de secrétaire et cinq mille francs de traitement. (*A part.*) On m'avait bien dit qu'avec des protections on arrivait à tout....

ANTOINE.

On va vous conduire à votre appartement.... Je vous engage à

faire un peu de toilette... Vous trouverez tout ce qu'il vous faut ;
habit, veste, culotte...

SOUFFLÉ, *en sortant.*

Oh! pour des vestes.... j'en ai...

ANTOINE, *le reconduisant.*

Je vous salue.... (*Lui parlant pendant qu'il est dehors.*) Eh
bien! où allez-vous donc ?.... vous descendez.... Ce n'est pas cela...
c'est au premier.... bien.... vous y voilà..... Si je l'avais laissé faire....
il allait tout droit à la cuisine..... Je suis fort content de notre
secrétaire. Mon coup-d'œil ne me trompe jamais, c'est un
homme du premier mérite..... Allons, allons, grâce à moi, voilà
la maison de l'ambassadeur qui se monte joliment..... il ne nous
manque plus que notre cuisinier..... Et quand M. le vicomte voudra nous présenter son protégé....

SCÈNE IX.

ANTOINE, ALPHONSE.

ALPHONSE, *à part.*

Voilà sans doute l'intendant dont Elise m'a parlé....

ANTOINE.

Qu'y a-t-il pour votre service ?...

ALPHONSE.

Monsieur, je me nomme Duval ; je viens pour la place....

ANTOINE.

Quelle place ?

ALPHONSE.

La place vacante....

ANTOINE.

Ah ! ah ! vous arrivez un peu tard.... Nous avons déjà un can-
didat, fortement recommandé....

ALPHONSE, *vivement.*

Monsieur..... j'ai aussi des protecteurs..... le marquis de Limoges..... le duc de Valmont.

AIR : *du Piége.*

Vous connaissez, j'en suis certain,
La main du marquis de Limoges ?...
Lisez, et vous verrez soudain
Combien il me donne d'éloges...

Sans doute ils doivent être grands...
(*A part.*) Car, avec une audace extrême,
J'ai fait ce que font tant de gens,
Je les ai dictés moi-même !

ANTOINE , *en décachetant une.*

Comment donc ! Monsieur le marquis , un de nos plus joyeux
gastronomes ; je l'ai vu souvent chez Monseigneur.

« Je vous recommande le porteur de cette lettre , comme un
» homme du plus grand mérite et pour lequel j'ai une estime par-
» ticulière..... »

Diable !... voilà qui est embarrassant..... M. le vicomte de Sauvecourt qui a aussi son protégé.

ALPHONSE , *à part.*

Mon père ! qu'est-ce que cela veut dire ?...(*Haut.*) Monsieur....
je vous en conjure.... ayez égard à la recommandation de M. le
marquis..... Dans le doute , vous devez au moins admettre la con-
currence..... et si des considérations personnelles pouvaient vous
déterminer.....

(*Lui glissant une bourse dans la main.*)

ANTOINE.

Comment donc !.... voilà un homme qui a servi dans les grandes
maisons. (*Haut.*) Monsieur , je vois que vous avez du mérite ,
M. le vicomte dira ce qu'il voudra...... des fonctions aussi déli-
cates ne s'accordent qu'au talent et non pas à la faveur..... Nous
allons vous prendre à l'essai..... et , si vous continuez..... à vous
bien conduire..... on vous gardera.....

ALPHONSE.

Quel bonheur !

ANTOINE.

Je vais commencer par vous conduire à l'office.....

ALPHONSE.

C'est inutile..... je n'ai pas faim.

ANTOINE.

Permettez..... il ne s'agit pas ici de votre faim , mais de celle
de Monseigneur..... C'est un déjeuner ordinaire..... ainsi arrangez-
vous là-dessus..... Il n'y a , je crois , que trois couverts..... Monseigneur , le vicomte et M. Soufflé , son nouveau secrétaire.....

ALPHONSE.

Qu'est-ce que vous dites donc..... son nouveau secrétaire?....

ANTOINE.

Oui..... un jeune homme qui vient d'entrer en fonctions..... et qui part avec nous pour le Danemarck....

ALPHONSE , *à part.*

Ah ! mon Dieu !... je suis venu trop tard. (*Haut.*) Et pour qui me prenez-vous donc ?

ANTOINE.

Eh ! parbleu, pour le chef d'office qui nous manque..... N'êtes-vous pas venu , vous-même , me demander la place vacante ?....

ALPHONSE.

Oui , sans doute.... la place vacante.... parce que..... je croyais.... (*A part.*) Et l'on part demain !... et aucun moyen de prévenir Elise de l'accident qui nous arrive.....

(*On entend sonner.*)

UN VALET , *en dehors.*

Le chocolat de Mademoiselle..... Mademoiselle demande son chocolat.....

ANTOINE.

On y va dans l'instant... (*A Alphonse.*) Allons, mon ami.... vite à la besogne, le déjeuner de Monseigneur est encore éloigné ; mais le chocolat de mademoiselle.... vous allez le faire tout de suite et le lui porter.

ALPHONSE.

Lui porter !... Comment donc... avec plaisir...

AIR : *Quand une Agnès.*

(*A part.*)   C'est une assez folle entreprise,
Mais après tout il le faut bien ;
Pour m'approcher de mon Elise
Je ne vois pas d'autre moyen.
Suis-je malheureux ! me contraindre
A faire ce déjeuner-là !...
Je ne connais de plus à plaindre
Que celle qui le mangera.

ANTOINE , *au valet.*

Montez ici la chocolatière... et dépêchez !...

LE VALET.

Oui , Monsieur... j'oubliais de vous remettre ce papier que m'a donné Monseigneur...

ANTOINE , *l'ouvrant.*

C'est un rapport à faire, nous avons le temps.

SCÈNE X.

ALPHONSE, ANTOINE, SOUFFLÉ, *habillé à la française,*
l'épée au côté, perruque bien poudrée.

ANTOINE.

Ah! voilà notre nouveau secrétaire.

ALPHONSE, *à part.*

Comment... c'est cet original là... quelle singulière tournure...

SOUFFLÉ *à Antoine.*

Quel est ce Monsieur?..

ANTOINE.

C'est un cuisinier que je viens d'arrêter.

SOUFFLÉ.

Ah! c'est un cuisinier... c'est drôle que je ne le connaisse pas...
et il se nomme...

ANTOINE.

Duval...

SOUFFLÉ.

Duval... mais c'est un nom inconnu.. et on ne peut pas confier
une place comme celle-là à un homme sans réputation...

ANTOINE.

Il dit qu'il a du talent....

SOUFFLÉ.

Je crois bien... ils le disent tous... mais il faut voir cela à la
poële... soyez tranquille, je vais l'interroger... et je vous dirai ce
qu'il en est... (*Traversant le théatre et s'adressant à Alphonse.*)
Il n'y a pas long-temps, je crois, que Monsieur exerce...

ALPHONSE.

Non , Monsieur...

SOUFFLÉ.

Et puis-je demander où Monsieur a commencé...

ALPHONSE, *à part.*

Il paraît que je vais souteni un interrogatoire dans les formes...
(*Haut.*) Monsieur j'ai étudié.... chez Véry.

SOUFFLÉ, *bas à Antoine.*

Je m'en doutais.. ils ont tout dit quand ils ont prononcé ce nom-
là... mais, voyez-vous, il n'y a pas pour les jeunes gens de plus

mauvaise école que la cuisine publique; on s'y gâte la main... et voilà tout... (*Haut.*) Et Monsieur n'a pas encore travaillé chez le particulier ?

ALPHONSE.

Si Monsieur.... dans deux grandes maisons, et dans un ministère....

SOUFFLÉ, *bas à Antoine.*

Ça c'est différent... a pu se former... mais je vais bien voir... (*Haut.*) Vous ne devez pas craindre alors un examen détaillé, et je vous demanderai la permission de vous adresser quelques questions....

ALPHONSE.

Comment donc... Monsieur. (*A part.*) Par exemple, me voilà bien !...

ANTOINE, *à part.*

Diable ! notre secrétaire est un homme de mérite.... il a sur tous les sujets des connaissances fort étendues...

SOUFFLÉ, *d'un air d'importance et après s'être essuyé les lèvres.*

Monsieur, je ne vous interrogerai pas sur les fricassées... les blancs-mangers, les suprêmes, et autres plats vulgaires qui sont l'A, B, C du métier... je ne vous attaquerai pas non plus sur les cardons à la moelle, les caisses de foies gras, les soupes deperdreaux et les pâtés de macaroni, parce que là-dessus il y a des règles établies et que la routine peut tenir lieu de talent.

ALPHONSE *à part.*

En vérité, ce Monsieur a une érudition gastronomique qui est effrayante.

SOUFFLÉ.

Mais je vous demanderai, pour vous faire une question digne de vous... comment vous entendez *les ortolans à la provençale.*

ALPHONSE.

Les ortolans à la provençale...

SOUFFLÉ.

Oui, quel est là-dessus votre système ? Le champ est ouvert aux innovations... le génie peut se donner carrière...

ALPHONSE.

Ma foi, Monsieur... (*A part.*) Que le diable l'emporte...

SOUFFLÉ, *bas à Antoine.*

Vous voyez qu'il se trouble !.. non, mais c'est qu'il croyait qu'il se jouerait de moi... mais il se trompe. (*Haut.*) Je vous demanderai, Monsieur, si vous faites cuire l'ortolan dans sa barde, ou dans la truffe elle-même ?...

(19)

ALPHONSE, *embarrassé.*

Dans sa barde... mais je crois...

SOUFFLÉ, *a Antoine.*

Il ne s'en doute pas.(*A Alphonse.*) Ecoutez-moi; nous prenons,
c'est-à-dire, vous prenez une truffe d'une dimension .. à peu-près...
la plus grosse qu'on pourra trouver... vous l'évidez comme il faut..
et y placez l'ortolan enveloppé d'une double barde de jambon
cru... légèrement humectée d'un coulis d'anchois... il y en a qui
mettent des sardines... mais c'est une erreur... une erreur des plus
grossières qu'on puisse faire en cuisine... vous garnissez vos truffes
d'une farce composée de foies gras et de moelle de bœuf pour
entretenir un onctueux et prévenir le déssèchement... feu modéré
dessus et dessous... vous faites usage du four de campagne pour
donner la couleur... et... vous servez chaud... Voilà, Monsieur,
comme on traite l'ortolan à la provençale.

ALPHONSE.

Monsieur... tout cela n'est rien en théorie ; c'est par la pratique
qu'il faut juger les gens... surtout quand il s'agit de chimie culinaire
et expérimentale... (*A part.*) Allons donc... je m'en vais aussi
lui lâcher les grands mots , moi.

SOUFFLÉ.

Permettez, j'ai parlé de cuisine et non pas de chimie.

AIR : *Adieu , je vous fuis bois charmants.*

(*S'animant.*)

C'est au feu qu'il faudra vous voir.

ALPHONSE.

Vous m'y verrez bientôt, j'espère...

SOUFFLÉ , *à Antoine.*

On aurait dû le recevoir
Tout au plus comm' surnuméraire !

(*A part.*)

Çà n'a pas l'ombre de talent,
Et ça veut marcher sur nos traces !...
C'est une horreur !... Voilà pourtant
Comme on donne à présent les places.

ANTOINE,

C'est bon.. .. c'est bon..... nous saurons bientôt à quoi nous
en tenir..... mais finissons, car il faut qu'il prépare le déjeuner

de Mademoiselle..... et vous, voilà un rapport que Monseigneur m'a envoyé, et qui maintenant vous regarde.....

SOUFFLÉ, *embarrassé.*

Ah!..... un rapport.....

ANTOINE.

Oui..... expédiez cela avant déjeuner..... ça ne fera pas mal,
parce que ça donnera à Monseigneur un échantillon de vos talents...
mettez vous là..... Ah! voici la chocolatière..... Messieurs..... je
vous laisse..... chacun votre affaire.....

(*Il sort.*)

SCÈNE XI.

SOUFFLÉ, *assis devant la table*, et ALPHONSE, *auprès de
la cheminée.*

SOUFFLÉ.

Ah! il faut que je fisse un rapport!...... (*Cherchant à épe-
ler.*) Oui..... je vois bien..... ra.... rapport..... Pour la lecture,
ça va encore..... c'est la partie de l'écriture qui est autrement
difficultueuse.....

ALPHONSE, *tenant la chocolatière d'une main et le chocolat
de l'autre.*

Je ne sais pas trop comment m'y prendre; j'ai bu mille fois
ma tasse de chocolat sans songer comment ça se faisait..... je
crois qu'on le râpe..... essayons toujours.....

SOUFFLÉ.

C'est dommage que dans l'état de secrétaire on soit obligé d'é-
crire..... car sans ça..... (*Regardant du côté d'Alphonse.*)
Eh bien!..... qu'est-ce qu'il fait donc?..... je crois qu'il râpe
son chocolat..... (*Haut.*) Ce n'est pas cela..... ce n'est pas
cela..... c'est l'ancienne manière..... le chocolat à l'italienne.....
en morceaux......

ALPHONSE.

Je vous remercie.....

SOUFFLÉ, *à table.*

Ma foi...... je sais signer mon nom, et j'assemble mes
lettres.... ainsi..... avec de l'audace..... (*Regardant Alphonse.*)
en trois ..... ou quatre morceaux..... ça suffit..... bien comme

cela...... (*Prenant une plume.*) Diable de plume...... c'est
fin comme des pattes de mouches..... moi qui n'écris qu'en
gros.... (*Regardant Alphonse.*) Est-il maladroit.... (*Criant.*)
est-il maladroit !..... pas comme ça..... pas comme ça..... (*Se
levant.*) car ça veut se mêler..... et ça ne se doute seulement
pas..... (*Lui prenant la chocolatière et roulant entre ses
mains.*) tenez..... tenez, voyez-vous.. jusqu'à ce que la mousse
s'élève... alors vous versez dans la tasse, voilà ce qu'on appelle à
l'italienne....

ALPHONSE.

Je comprends bien... mais ça demande une perfection...

SOUFFLÉ.

Vous verrez que je serai obligé de faire son chocolat pour lui...
Tenez, mettez-vous là-bas à cette table... et achevez ce que j'ai
commencé....

ALPHONSE.

Mais il n'y a rien encore...

SOUFFLÉ.

Il n'y a rien ?.. Eh bien alors commencez... ça ne sera que plus
facile... je voudrais bien qu'ici ce fût comme cela.... car je suis
obligé de réparer....

ALPHONSE, *montrant le papier.*

C'est ce rapport...

SOUFFLÉ.

Oui, ce rapport... (*A part.*) A-t-il la tête dure? il est bien
heureux que je fasse son ouvrage, car sans cela... (*Tournant toujours, mettant de l'eau chaude.... ou versant dans la tasse,
etc., etc., etc.*)

AIR , *du Renégat.*

ALPHONSE , *écrivant.*

Travaillons donc puisque j'y suis...

SOUFFLÉ, *faisant le chocolat.*

Ça lui f'ra d'l'honneur !... quelle mine !
V'là l'monde : *sic vos non vobis* ,
Comm' dit le latin de cuisine !

SCÈNE XII.

SOUFFLÉ , *se baissant pour mettre le chocolat au feu ;*
ALPHONSE, *à la table, écrivant avec attention ;* LE VI-
COMTE, *dans le fond, sa montre à la main.*

LE VICOMTE.

Du déjeuner voici l'instant, je crois...

(*Apercevant son fils.*)

Eh ! mais, grand Dieu !... c'est mon fils que je vois !

(*A part.*)

Oui c'est bien lui, la chose est claire,
Il est même en train d'exercer...
Morbleu ! Monsieur le secrétaire,
Moi je m'en vais vous dénoncer !

ENSEMBLE.

LE VICOMTE, *sans être vu et toujours dans*
le fond.

Avec Saint-Phar courons m'entendre
Pour confondre ce coquin-là...
Et vous qui pensiez me surprendre,
Bientôt on vous destituera !...

SOUFFLÉ , *faisant le chocolat.*

Quel service je vais lui rendre...
Quoiqu'ça soit au-d'ssous d'mon état !
Mais le vrai talent peut s'étendre
Mèm' dans un' tasse de chocolat !

ALPHONSE, *écrivant.*

Ah ! quel service il va me rendre
En se chargeant de mon état...
Tâchons au moins de le surprendre
Et de payer son chocolat !

(*Le Vicomte entre dans l'appartement en face.*)

SCÈNE XIII.

SOUFFLÉ, ALPHONSE.

SOUFFLÉ.

Je crois que je me suis surpassé. ... (*Haut.*) c'est fini.....
et vous ?...

ALPHONSE.

Je n'ai plus que deux mots et je termine; ce travail était une
plaisanterie... rien n'était plus facile à faire...

SOUFFLÉ.

Je ne vous en dirai pas autant... car j'en sue à grosses gouttes...
voilà votre chocolat.

ALPHONSE.

Voici votre rapport...

SOUFFLÉ.

Attendez donc... attendez donc... ça ne se présente pas ainsi...
le petit pain... le verre d'eau, le plateau d'une main... tenez. ...

*(Il arrange la tasse, le verre d'eau, le petit pain sur le plateau,
et montre comment il faut le porter.)*

AIR : *Qu'il est flatteur d'épouser celle.*

Il faut le porter avec grâce...
La serviette sur le bras droit...

ALPHONSE , *impatienté.*

Je sais ce qu'il faut que je fasse.

SOUFFLÉ.

C'est plus difficile qu'on ne croit !
Cet art de porter ou de prendre
La serviette ou le tablier...
Il faut bien du temps pour l'apprendre,
Il n'faut qu'un jour pour l'oublier.

*Il arrange la serviette sur le bras d'Alphonse et lui donne le
plateau pendant la fin du couplet.*

ALPHONSE, *à part.*

Je vais donc voir Elise... pourvu qu'elle n'éclate pas de rire en
m'apercevant... voilà tout ce que je crains...

SCÈNE XIV.

Les précédents, ANTOINE.

ANTOINE.

Allons donc... allons donc!.. Ce chocolat est-il prêt?.. Mademoiselle s'impatiente.

ALPHONSE.

J'y vais... (*Il sort précipitamment.*)

SOUFFLÉ, *le suivant des yeux.*

Là... là... il va comme un fou... il va tout renverser... donnez-vous donc du mal après ça... il y a des gens avec qui l'on perdrait son latin...

SCÈNE XV.

SOUFFLÉ, ANTOINE.

ANTOINE.

Et vous... avez-vous fini...

SOUFFLÉ, *lui donnant le rapport.*

Je crois bien... ce travail était une plaisanterie... rien n'était plus facile à faire...

ANTOINE.

Je vais le mettre sous les yeux de Monseigneur... Le voici qui se dirige de ce côté, avec le vicomte de Sauvecourt... Je vais vous présenter...

SOUFFLÉ.

Non... non... j'aime mieux, dans un autre moment... parce que, voyez-vous, le vicomte de Sauvecourt... est un peu vif... et alors nous nous sommes séparés... vivement . . . ce qui fait que je craindrais encore quelques vivacités... J'aime mieux attendre qu'il soit parti...

ANTOINE.

Comme vous voudrez... je ne vous présenterai qu'après son départ.

(*Soufflé entre dans le cabinet.*)

SCÈNE XVI.

M. DE SAINT-PHAR, LE VICOMTE, ANTOINE, *qui se tient à l'écart.*

LE VICOMTE.

Oui, mon cher . . . . c'est lui-même, je l'ai parfaitement reconnu...

M. DE St.-PHAR.

Quelle peut être la cause de ce déguisement ?

LE VICOMTE.

Oh ! je m'en doute bien... Il était depuis un an à Strasbourg, où il avait une place superbe...

M. DE St.-PHAR.

C'est là où il aura vu ma fille ; elle y a passé un mois chez une de ses tantes...

LE VICOMTE.

Je comprends... et le coquin sera devenu amoureux sans notre permission... mais ce qui est bien pis encore... c'est que j'avais arrangé pour lui un mariage superbe... la plus riche héritière du département... Tout était convenu avec les parents...

AIR : *De M. Guillaume.*

Quand j'apprends par une estafette
Que le futur a disparu...
Qu'il s'est sauvé sans tambour ni trompette,
Et qu'à Paris il s'est rendu !...
Mais dans Paris comment donc, sans encombre,
Chercher un fou qui vient de s'échapper ?...
La ville est grande, et sur le nombre
On pourrait se tromper.

Aussi je crois qu'il serait parti avec toi, si le marquis de Limoges n'était pas venu me découvrir qu'il lui avait donné une lettre de recommandation pour se présenter chez toi, en qualité de secrétaire...

M. DE St.-PHAR.

Serait-il possible ?...

LE VICOMTE.

Rien n'est plus vrai... et dans ce moment, il est installé dans l'hôtel.

4

(26)

M. DE St.-PHAR.

En effet . . . voilà une escapade qui passe la plaisanterie . . . Antoine ?

ANTOINE, *s'avançant.*

Monseigneur ?

M. DE St.-PHAR.

Vous avez vu le nouveau secrétaire ?

ANTOINE.

Oui, Monseigneur, et voici déjà le rapport que vous l'aviez chargé de faire.

M. DE St.-PHAR.

C'est bon. (*Le donnant au Vicomte.*) Connais-tu cette écriture ?

LE VICOMTE, *lui rendant.*

Oh! c'est bien la sienne !

M. DE St.-PHAR, *à Antoine.*

Et qui vous a engagé à le recevoir ?

ANTOINE.

Est-ce que j'ai mal fait ?... Monseigneur, ce n'est pas ma faute, c'est Mademoiselle, elle-même, qui me l'a recommandé... et très vivement...

M. DE St.-PHAR.

Ah! c'est ma fille ! . . . . (*Froidement.*) Vous avez bien fait, Antoine. (*Bas au Vicomte.*) Dis donc, mon ami, c'est ma fille...

LE VICOMTE.

J'entends bien... Qu'est ce que nous ferons ?

AIR : *Vaudeville de partie carrée.*

M. DE ST.-PHAR.

J'avais aussi des projets sur ma fille,
Et cet amour va les déranger tous,
Commençons donc, en pères de famille,
Par nous fâcher...

LE VICOMTE.

Oui, morbleu! fâchons-nous

M. DE ST.-PHAR.

Puis pour punir une telle escapade,
Pour nous venger... unissons-les,
Et commençons mon ambassade
Par un traité de paix.

LE VICOMTE.

Tu crois ?... A la bonne heure !...

M. DE St. PHAR.

Pourvu que ton fils me convienne cependant... Mais où diable est donc mon secrétaire ? (*A Antoine.*) Comment ne l'ai-je pas encore vu ?

ANTOINE, *s'approchant.*

Il attend pour se présenter que M. le Vicomte soit parti... parce qu'il craint, m'a-t-il dit, de se trouver avec lui.

LE VICOMTE.

Je le crois bien... je vous le chapitrerais d'importance.

M. DE St.-PHAR.

Je m'en charge... et pour cela fais-moi le plaisir d'aller te promener dans le jardin.

LE VICOMTE.

Comment diable ! c'est que j'ai une faim d'enfer... et le grand air va encore l'augmenter.

M. DE ST.-PHAR.

Nous déjeunerons en famille... cela vaut bien mieux... Antoine... vous soignerez le déjeuner en conséquence...

LE VICOMTE.

Oui.. oui... mais puisque nous commençons tard...

AIR , *Vaudeville du Bouquet du Roi.*

(*à Antoine.*)

Mon cher que le déjeuner
Ait au moins plus d'un service,
Et fais que le déjeuner
   Ne finisse
   Qu'au dîner !...

(*A M. de St.-Phar.*)

Dieux ! quelle bonne fortune !
  Réunir ainsi chacun
  Nos deux familles en une,
  Et les deux repas en un.

ENSEMBLE.

Mon cher que le déjeuner...
Ait au moins plus d'un service,
Et fais que le déjeuner
   Ne finisse
   Qu'au dîner !

M. DE ST.-PHAR et ANTOINE.

Il faut que le déjeuner
Ait au moins plus d'un service,
Il faut que le déjeuner
   Ne finisse
   Qu'au dîner.

(*Le Vicomte sort.*)

SCÈNE XVII.

M. DE ST.-PHAR, ANTOINE.

M. DE ST.-PHAR.

Antoine... va me chercher le jeune homme... et amène-le moi.

(*Pendant qu'Antoine entre dans le cabinet, il parcourt le rapport qu'il a à la main.*)

Comment donc!.. c'est fort bien... de la clarté... de la chaleur... un choix d'expressions... c'est parbleu bien raisonné... et moi-même je n'avais pas envisagé la question sous ce point de vue... Allons... Allons... mon gendre est un homme de mérite...

SCÈNE XVIII.

M. DE ST.-PHAR, SOUFFLÉ, ANTOINE *amenant Soufflé*.

ANTOINE.

Voilà, Monseigneur...

(*Antoine sort.*)

SOUFFLÉ *s'incline.*

M. DE ST.-PHAR.

Je vous salue, Monsieur... (*Le regardant.*) Ma foi... il a raison d'avoir du talent, car il n'est pas beau... et je ne sais comment ma fille s'est laissée séduire...

SOUFFLÉ *à part.*

Il paraît que ma figure lui revient assez...

M. DE ST. PHAR.

J'ai lu votre rapport... et je l'ai trouvé bien...

SOUFFLÉ.

Cependant, Monseigneur, pour ce qu'il m'a coûté... je peux bien dire... que je l'ai fait sans m'en apercevoir!..

M. DE ST.-PHAR.

Tant mieux... cela prouve de la facilité... il y a là même

quelques idées assez hardies... qui sont en contradiction avec les miennes.

SOUFFLÉ.

Certainement, Monseigneur... c'est sans le vouloir. (*A part.*) C'est cet autre qui aura fait quelques bêtises...

M. DE ST.-PHAR.

Ne vous en défendez pas... j'aime beaucoup que l'on ne soit pas de mon avis... Mais voyons un peu comment vous soutiendrez votre opinion...

SOUFFLÉ.

Mon opinion... Du tout... Du tout...

AIR : *Ces postillons.*

Ah ! Monseigneur, vous n'me connaissez guère,
    Je n'y fais pas tant de façons,
Etre entêté n'est pas mon caractère ;
Et voyez-vous en fait d'opinions
Tant d'gens en ont trois ou quatre de suite
    Que c'est gênant pour les arranger ;
    Moi j'n'en ai pas, et ça m'évite
        La peine d'en changer.

M. DE ST.-PHAR.

Je vous comprends, et je vous sais bon gré de votre générosité ; vous craignez d'engager une discussion où vous sentiez bien que j'aurais le désavantage.

SOUFFLÉ.

Mais...

M. DE ST.-PHAR., *souriant.*

Avouez-le, vous n'approuvez pas la distinction que j'ai faite sur le droit des gens...

SOUFFLÉ.

Hum...

M. DE ST.-PHAR.

Vous pensez peut-être que l'espèce dont il s'agit est tout-à-fait du ressort du droit civil ?...

SOUFFLÉ, *d'un air approbatif.*

Hum ! Hum !..

M. DE ST.-PHAR.

Allons, dites-le franchement...

SOUFFLÉ, *souriant.*

Mais... puisque vous m'y forcez... c'est du droit civil.

M. DE ST.-PHAR.

A la bonne heure... Vous voyez que je sais entendre la vérité... Touchez-là... Je vous estime, et je vois que nous finirons par nous comprendre.

SOUFFLÉ, *à part.*

Ça ne fera pas mal... car jusqu'à présent... Mais c'est égal, me voilà en faveur... et autant qu'on peut juger quelqu'un sans l'entendre, ça m'a l'air d'un brave homme... (*Voyant Antoine qui est entré et qui fait des signes.*)

SCÈNE XIX.

Les Mêmes, ANTOINE.

SOUFFLÉ, *à part.*

Qu'est-ce que me veut l'intendant avec sa pantomime?

(*Antoine lui montre une lettre en lui faisant signe de se taire.*)

Hein! un billet... Hé bien apportez-le... je ne peux pas lire d'ici...

ANTOINE, *à part.*

Le maladroit!..

M. DE ST.-PHAR.

Quoi... qu'est-ce que c'est? Antoine, quelle est cette lettre... d'où vient-elle? répondez à l'instant...

ANTOINE.

Je prie Monseigneur de ne pas m'en vouloir... c'est Mademoiselle Elise qui m'a donné ce billet pour le remettre en secret à M. le Secrétaire...

M. DE ST.-PHAR, *prenant la lettre.*

Un billet de ma fille... Quoi! Monsieur, vous osez...

SOUFFLÉ.

Ce n'est pas pour moi, Monseigneur; il se trompe... Diable de facteur!..

M. DE ST.-PHAR.

Si , Monsieur... c'est pour vous... C'est ma fille qui vous a recommandé à mon intendant.

SOUFFLÉ.

Ça, c'est la vérité.... mais pour le reste....

M. DE ST.-PHAR.

Ne prétendez pas me tromper.... Je sais tout.... Vous n'êtes secrétaire.... que par hasard.... ce n'est pas là votre état....

SOUFFLÉ.

Eh bien oui, Monseigneur, c'est la vérité....

M. DE ST.-PHAR.

Ce n'est rien encore.... Vous vous êtes fait aimer de ma fille ?

SOUFFLÉ.

Pour ça.... je peux vous assurer....

M. DE ST.-PHAR, *lisant.*

Oui, Monsieur... elle vous aime.... elle l'avoue elle-même.

SOUFFLÉ, *à part.*

Là.... qu'est-ce que j'ai fait à mademoiselle Elise ?... Au moment où ça allait si bien.... j'étais lancé....

M. DE ST.-PHAR, *froidement.*

Je veux savoir, Monsieur, si vous êtes encore digne de mon estime ?... Êtes-vous capable de sacrifier votre amour et de renoncer à ma fille ?...

SOUFFLÉ, *avec feu.*

Dieu! tout ce qui peut vous faire plaisir.... tout ce qui peut vous être agréable.... (*Se mettant à genoux.*) Pourvu que je conserve vos bonnes grâces, qui me sont bien autrement précieuses....

M. DE ST. PHAR.

Relevez-vous.... ma fille est à vous....

SOUFFLÉ, *se relevant et hors de lui.*

Par exemple.... celui-là est trop fort.... et il a juré que je n'en reviendrais pas !.... Comment, Monsieur, vous daigneriez....

M. DE ST.-PHAR, *avec intention.*

J'y mets cependant une condition... Vous êtes encore mon Secrétaire, et j'ai une lettre à vous faire écrire.... C'est la lettre d'un fils soumis et respectueux qui veut fléchir le courroux de son père.... Vous devez m'entendre....

SOUFFLÉ.

Non.... le diable m'emporte!...

M. DE ST.-PHAR.

Si fait.... je veux que vous m'entendiez...

SOUFFLÉ.

Alors, si ça peut vous faire plaisir.... Mais c'est que vraiment, aux termes où nous en sommes, je peux vous avouer ça....
je ne sais pas trop comment je pourrai....

M. DE ST.-PHAR.

Soyez tranquille.... je vous la dicterai moi-même.... mais je
veux que vous l'écriviez.... et vous l'écrirez....

SOUFFLÉ, *à part.*

Je l'écrirai.... je l'écrirai.... ça lui est bien aisé à dire.... Mais
c'est égal.... dans les bonnes dispositions où est le beau-père, ça
n'est pas une lettre de plus ou de moins qui peut faire man-
quer le contrat....

(*A M. de St.-Phar.*)

Je vous suis, Monseigneur!

(*Ils sortent à gauche.*)

SCÈNE XX.

ANTOINE, puis ALPHONSE.

ANTOINE.

Par exemple, si je me serais douté que c'était moi qui ferais
le mariage de notre jeune maîtresse.... (*Apercevant Alphonse.*)
Ah! vous voilà, M. le Chef.... Qu'êtes-vous donc devenu depuis une demi-heure ?

ALPHONSE.

Morbleu!... je suis d'une colère.... Je porte le chocolat jusqu'à
l'appartement de Mademoiselle.... là, une espèce de gouvernante...
me le prend des mains et ne veut pas me laisser entrer.... J'ai eu
beau faire.... il n'y a pas ça moyen....

ANTOINE.

Eh sans doute! qu'aviez-vous besoin de le donner vous-même...
Mais il ne s'agit pas de cela.... vous allez avoir de l'ouvrage... et

voilà une belle occasion de fonder votre réputation ; d'abord le
déjeuner de ce matin.... je présume que vous vous en êtes occupé...
et puis demain peut-être, un repas de noce.... Hein.... la maison
est bonne ?

ALPHONSE.

Qu'est-ce que vous dites.... Un repas de noce...

ANTOINE.

Oui, mademoiselle Élise se marie ; elle épouse. le jeune
Secrétaire que vous avez vu tout-à-l'heure... et qui n'est pas....

ALPHONSE.

Comment... qui n'est pas...

ANTOINE, *riant.*

Qui n'est pas plus Secrétaire que vous et moi.... C'est un amant
déguisé....

ALPHONSE *furieux.*

Un amant déguisé.... l'on m'aurait joué à ce point.

AIR : *On m'avait vanté la guinguette.*

ANTOINE.

Allons, v'là l'autre qui s'en mêle.

ALPHONSE, *hors de lui.*

Mais qu'il redoute mon courroux,
Je cours lui brûler la cervelle
S'il prétend être son époux...

SCÈNE XXI.

Les mêmes, LE VICOMTE.

(*Le Vicomte et Alphonse se trouvent nez à nez.*)

ALPHONSE, *parlant.*

Mon père !

LE VICOMTE, *de même.*

Mon fils !...

(*L'air continue.*)

LE VICOMTE.

Mon fils en ces lieux ! quelle honte !...
Tu vas entendre mon sermon.

ANTOINE, *confondu.*

Le cuisinier, fils d'un vicomte !
Dieux ! quel honneur pour la maison !

ALPHONSE, *agité.*

Daignez calmer votre colère,
N'écoutez plus votre dépit ;
Pour sauver celle qui m'est chère
Aidez-moi de votre crédit.

ANTOINE.

Quoi ! vraiment vous êtes son père...
Est-il bien sûr de ce qu'il dit ?
Quelle rencontre singulière,
En honneur, j'en perdrai l'esprit.

LE VICOMTE.

Oui, ventrebleu ! je suis son père,
Du moins on me l'a toujours dit ;
Je sens redoubler ma colère
Presqu'autant que mon appétit.

LE VICOMTE, *retenant Alphonse qui veut se sauver.*

Non, morbleu ! tu ne m'échapperas pas, et si M. de Saint-Phar
est assez bon pour oublier sa colère... moi, je me souviens de la
mienne... et je ne peux pas l'oublier... pas plus que le déjeuner
que j'attends depuis deux heures.

ALPHONSE.

Que dites-vous ? M. de Saint-Phar consentirait à me par-
donner...

LE VICOMTE.

Oui, Monsieur... il pardonne... et il consent...

SCÈNE XXII.

Les Précédents, SAINT-PHAR et ÉLISE.

M. DE ST.-PHAR, *qui a entendu les derniers mots.*

Au contraire, mon cher vicomte, c'est que je ne consens point..

LE VICOMTE.

En voici bien d'une autre ! N'est-ce pas vous qui tout-à-l'heure...

M. DE ST.-PHAR.

Oui.... mais j'y avais mis pour condition que votre fils me conviendrait..... et d'après la conversation que nous venons d'avoir...

ALPHONSE, *étonné.*

Que nous venons d'avoir?

M. DE ST.-PHAR.

Il est bien heureux d'être votre fils... sans cela... je l'aurais fait sauter par les fenêtres.... et en attendant je l'ai mis à la porte....

LE VICOMTE.

Comment, mon fils.... (*Montrant Alphonse.*) Eh! mais le voilà...

M. DE ST.-PHAR.

Lui...

ÉLISE.

Eh! sans doute !.. c'est Alphonse.

M. DE ST.-PHAR.

Mais alors... quel est donc celui à qui je parlais tout-à-l'heure, un sot... un impertinent.. qui ne sait seulement pas signer son nom, et qui m'a tenu les discours les plus extravagants...

ALPHONSE.

C'est le Monsieur de ce matin... un amant déguisé.

M. DE ST.-PHAR.

Impossible...

LE VICOMTE.

Alors, c'est un aventurier...

ANTOINE.

Un intrigant qui cherchait à surprendre des secrets d'Etat... il faut le retrouver vite.

ALPHONSE.

Oui, courons...

LE VICOMTE.

Un instant... je demande que les perquisitions ne commencent qu'après le déjeuner... Antoine, fais servir... Eh! bien, d'où vient cet air d'effroi?

ANTOINE, *montrant Alphonse.*

Ma foi, adressez-vous à Monsieur que j'ai pris pour le maître-d'hôtel, c'est lui qui en était chargé.

LE VICOMTE, *à son fils.*

Comment, malheureux... tu as osé... je suis perdu.

AIR : *Vaudeville du Petit Courrier.*

Dieux ! à quel saint avoir recours !...
Passe pour être secrétaire !...
Mais le déjeuner de ton père...
Je crois qu'il en veut à mes jours !
Il a manqué par son absence
Me faire mourir de chagrin,
Et le coquin par sa présence
Va me faire mourir de faim !

(*Ritournelle du chœur suivant.*)

LE VICOMTE.

Qu'entends-je?

SCÈNE XXIII ET DERNIÈRE.

Les Précédents, plusieurs Domestiques, *apportant une table richement servie.*

SOUFFLÉ, *en bonnet de coton, tablier de cuisine, couteau au côté, arrivant le dernier avec un plat qu'il porte gravement.*

CHOEUR.

AIR : *de M. Jean* (Jean de Paris.)

De Monseigneur que le dîner s'apprête,
Des vins choisis et des mets délicats...
Que la gaité soit aussi de la fête ;
Sans la gaîté jamais de bon repas !

M. DE ST.-PHAR, *reconnaissant Soufflé.*

Eh ! mais c'est mon coquin de tout-à-l'heure...

ANTOINE.

Notre nouveau secrétaire !..

LE VICOMTE.

Mon ancien cuisinier !..

SOUFFLÉ.

Lui-même... C'est vous qui l'avez nommé...

LE VICOMTE, *levant sa canne.*

Comment, c'est toi qui causes ici tout ce tapage... je vais, morbleu !...

SOUFFLÉ, *froidement.*

Frappez... (*Montrant le plat qu'il tient.*) mais goûtez...

LE VICOMTE.

Hein ! qu'est-ce qu'il tient là ?.. Dieu me pardonne... ce sont des ortolans à la provençale, mon mets favori...

SOUFFLÉ.

Juste... (*A M. St.-Phar.*) J'ai bien senti, Monseigneur, que cette maudite lettre que je n'ai pas pu écrire, m'avait fait du tort à vos yeux, car, vous en conviendrez vous-même, vous m'estimiez avant la lettre... j'ai voulu alors vous prouver, avant de vous quitter, que je n'étais pas tout-à-fait indigne de vos bonnes grâces, et que, si dans votre cabinet j'étais un sot, je pouvais être un homme de mérite, en descendant d'un étage... Je suis rentré dans mes fourneaux, dont je n'aurais jamais dû sortir... vu que la nature m'avait fait homme de bouche, et non pas homme de lettres; et je viens soumettre à votre appétit dégustateur cet échantillon de mes talents, d'après lequel je consens à être jugé, parce que, comme a dit le Sage : *On connaît l'homme à ses actions... et le Cuisinier à ses ragoûts.*

LE VICOMTE.

Et il les fait bons.... je l'atteste !.... c'est mon ancien Cuisinier que j'avais renvoyé dans un moment d'humeur, et que je voulais placer chez toi.

SOUFFLÉ.

C'est pour cela aussi que je suis venu...

M. DE ST.-PHAR, *riant.*

Comment, c'est là l'emploi que tu sollicitais....

LE VICOMTE, *qui s'est mis à table et qui a goûté le déjeuner.*

Tu peux le lui accorder, je te le jure.... il vient de faire ses preuves.... Soufflé.... nous te chargeons du repas de noce... et en attendant, ce déjeuner-là sera celui des fiançailles.... Allons... allons.... que chacun s'asseoye.... Monsieur le Secrétaire, ici à table.... à côté de moi....

SOUFFLÉ.

Et moi derrière ! voilà chacun à sa place, ce n'est pas sans peine.

(*Ils se mettent tous à table.*)

CHOEUR.

AIR : *Honneur à la musique.*

D'un repas délectable
Savourons la douceur;
Amis, ce n'est qu'à table
Qu'on trouve le bonheur.

SOUFFLÉ, *la serviette sous le bras et s'adressant au public.*

AIR : *de Mariane.*

Daignez excuser mon audace,
(Car les artistes en ont tous),
J'ose ici vous prier en grâce
De v'nir parfois dîner chez nous!
    On vous recev'ra,
    On vous fêt'ra.

(Au vicomte qui lui demande une assiette.)

Pardon, Monsieur, j'suis à vous, me voilà!

(Il lui donne une assiette et revient au public.)

    Quelque convive
    Qui nous arrive
Jamais le nombre ne nous effraîra,
    Mais ce dîner où j'vous invite
    Dépend de vous seuls en ce jour,
    Car il suffit... d'un souffle pour
    Renverser la marmite.

CHOEUR.

D'un repas délectable
Savourons la douceur ;
Amis, ce n'est qu'à table
Qu'on trouve le bonheur.

FIN.